AF224058

*Se souvenir de
John F. Kennedy*

Pour commander des exemplaires supplémentaires de ce livre, contactez:

Maple Leaf Publishing Inc.
3rd Floor 4915 54 Street Red Deer, Alberta T4N 2G7, Canada
1-(403)-356-0255

Traduction de l'Anglais par Frédéric Bar

Couverture : Frédéric Bar

Maquette : Frédéric Bar

Table des matières

Introduction :

À la mémoire de John Kennedy

Mon premier souvenir est celui du sénateur John Fitzgerald Kennedy de l'époque, lors de la convention sur la démocratie en juillet 1956. Après la convention, l'apathie politique a repris pour moi.

Mon second souvenir est de lui en tant que candidat à l'investiture démocrate à la présidence. H semblait être une bouffée d'air frais par rapport aux chiffres nationaux que j'avais vus à la télévision et dont j'avais lu beaucoup dans les journaux.

J'étais enthousiasmé et fier de mon parti et inspiré par cet homme qui, à mon avis, serait le prochain président et mon nouveau commandant en chef.

Sa mort fut vraiment l'un des moments les plus marquants de ma vie, mais son inspiration vit toujours en moi.

Chapitre 1 – Convention démocratique de 1956

En juillet 1956, j'ai regardé la Convention démocratique. Je n'avais pas un œil politique, mais les discours et les événements du processus de nomination m'intriguaient. Là-bas, j'ai vu le sénateur John Fitzgerald Kennedy pour la première fois quand il a nommé le gouverneur Stevenson en tant que candidat démocrate du parti démocrate.

«Le temps est mûr. L'heure a sonné. L'homme est ici et il est prêt. Laissez la parole aller que nous avons rempli notre responsabilité envers la nation. Mesdames et Messieurs de la convention, j'ai le privilège de présenter à cette convention un candidat à la présidence des États-Unis, le nom de cet homme unique en son genre de par sa compassion, sa conscience et son courage à dans les grandes traditions de Jefferson, Jackson, Wilson, Roosevelt et l'homme de l'indépendance. Mes chers collègues, je vous présente l'homme de Libertyville, le prochain candidat démocrate et le prochain président des États-Unis, Adlai E. Stevenson.»

Le gouverneur Adlai Stevenson, candidat à la présidence, n'a pas choisi son vice-président mais s'est tourné vers la convention pour choisir entre les deux premiers choix, les sénateurs John Kennedy et Estes Kefauver.

Le sénateur Kennedy a activement recherché le poste de vice-président, certainement sans le soutien enthousiaste de sa famille et apparemment convaincu que le président Eisenhower pourrait ne pas être candidat à la réélection pour des raisons de santé. Ses intentions étaient deux mandats en tant que vice-président fidèle, puis ses propres mandats en tant que président. Les élections générales de 1956 auraient certainement été différentes sans le président Eisenhower.

Ouvrir la convention pour sélectionner le chaos créé par le vice-président et générer une saison de campagne miniature qui durerait des heures avec des salles remplies de fumée se déroulant à l'étage de la convention. Les deux candidats avaient des partisans et des détracteurs et, bien que Stevenson ait eu une préférence, apparemment pour le sénateur Kennedy, il n'a pas fait connaître son point de vue. La décision n'a été prise qu'après le second vote par appel nominal, Kefauver dirigeant le premier appel et Kennedy le second. En arrière-plan, les votes étaient en train de changer et le sénateur Kennedy a demandé à parler de la convention. Le président Rayburn l'a laissé parler et a retiré son nom de la candidature et a demandé que le sénateur Kefauver soit choisi à l'unanimité comme candidat à la vice-présidence. C'était un discours bref, juste quelques mots dont je ne me souvenais pas, mais des motsquiavaientuneffetmagnétiquesurmoietj'aiété instantanément converti en fan de John F. Kennedy.

La puissance de ce discours et du discours de nomination ne sont pas les mots, mais l'inspiration de John F. Kennedy. Il a remercié la convention pour sa générosité et sa gentillesse. Il a ajouté que l'action de la journée avait démontré la force et l'unité du parti, ainsi que le "bon jugement" de M. Stevenson, qui avait porté la question du vice-président au sol au lieu de choisir son successeur, comme il était de coutume. Il a parlé du sénateur Kefauver en tant que militant infatigable qui ferait un candidat à la vice-présidence admirable pour M. Stevenson. «Je propose de suspendre les règles et de procéder à cette nomination par acclamation», a déclaré le sénateur Kennedy. Le président Rayburn a appelé les «oui» et la foule a approuvé son approbation. C'était l'intelligence du sénateur Kennedy de faire pour son avenir politique. La popularité du sénateur John F. Kennedy auprès du public était bien méritée et méritée. Lorsqu'il est parti à travers le pays pour faire campagne pour Adlai Stevenson cet été-là, son charme, son esprit et son humour ont laissé le public en réclamer davantage. Eisenhower a été candidat à la réélection et avait une avance décisive dans les sondages, Stevenson risquant de perdre l'élection par un glissement de terrain. Le sénateur Kennedy s'est rendu compte que faire campagne pour Stevenson était un moyen efficace de renforcer sa propre reconnaissance à travers le pays pour toute campagne future. Kennedy se rendit dans vingt-quatre États et prononça environ 150 discours avant les élections de novembre, qui se déroulèrent comme prévu à Eisenhower.

Pour Kennedy, l'intensité de la campagne élector-
ale pour Stevenson a été une expérience d'appren-
tissage qui lui a donné un aperçu de ce que sa propre
campagne future impliquerait. Un avantage peut-
être plus important était qu'il ne faisait pas partie
d'une «deuxième défaite» par Eisenhower-Nixon.
Une fois le congrès démocrate et les élections ter-
minés, je suis revenu à mon indifférence politique
pour les quatre prochaines années.

J'étais peut-être indifférent, mais le sénateur John
Kennedy était tout sauf indifférent. Il a activement
fait campagne pour le billet Stevenson-Kefau-
ver aux États-Unis. Il a établi la crédibilité qui le
servirait bien quatre ans plus tard.

Chapitre 2 – JFK annonce sa candidature à la présidence

Le 2 janvier 1960, le sénateur John F. Kennedy a annoncé sa candidature à la présidence des États-Unis. Il a exprimé son point de vue sur le bureau, «le bureau le plus puissant du monde libre», la puissance du bureau, «la décision la plus importante à laquelle le monde doit faire face doit être prise ici», et les questions qu'il a considérées comme les plus importantes: avec l'Union soviétique, la liberté et l'ordre dans les pays émergents, la science et l'éducation aux États-Unis, une croissance économique qui profitera à tous les Américains. Il a déclaré son intention de se présenter sur les questions énumérées et sa conviction que les Américains devaient choisir leurs problèmes et qu'il présenterait ses positions sur ces questions aux Américains lors de compétitions primaires. Pour lui, l'élection de 1960 à la présidence était importante pour les États-Unis: l'élection de 1932 et l'importance de l'élection d'un démocrate à la présidence dans les deux cas. Il a également déclaré être qualifié pour le prochain président. «Pendant 18 ans, j'ai été au service des États-Unis, d'abord en tant qu'officier de marine dans le Pacifique pendant la Seconde Guerre mondiale et pendant 14 ans en tant que membre du Congrès.

Au cours des 20 dernières années, j'ai voyagé dans presque tous les continents et pays de Leningrad à Saigon, de Bucarest à Lima. A partir de tout cela, j'ai développé une image de l'Amérique comme remplissant un rôle noble et historique en tant que défenseur de la liberté en une période de danger extrême et du peuple américain comme confiant, courageux et persévérant. C'est avec cette image que je commence cette campagne. "Pour moi, le choix était évident: comment ne pas choisir ce jeune futur leader énergique et charismatique? Mais ce n'était pas à moi de choisir, je n'étais même pas en âge de voter pour choisir le candidat démocrate John Kennedy ou pour l'oindre à la présidence. Mon choix totalement hors de propos a été fait; Cependant, le choix du parti démocrate était encore en suspens avec sept candidats principaux, quatre fils activement en campagne ainsi que leurs fils préférés, trois des candidats principaux espérant essentiellement un congrès contesté. Le sénateur Kennedy, mon chef de file de l'avenir, a été perçu par de nombreux anciens du parti démocrate comme «trop jeune et inexpérimenté» pour être président et il devrait peut-être être le candidat à la vice-présidence. Le sénateur Kennedy a reconnu qu'il s'agissait d'un effort visant à lui refuser le statut de candidat majeur et a déclaré catégoriquement: «Je ne me présente pas comme candidat à la vice-présidence, je me présente comme candidat à la présidence.»

Chapitre 3 – Campagne démocratique

Que la campagne commence! Le sénateur Kennedy a commencé par défier et vaincre le sénateur Humphrey à la primaire au Wisconsin. Une victoire avec un astérisque. Sa marge de victoire venait des régions catholiques et de l'ensemble du clan Kennedy envahissant le Wisconsin et cherchant des voix. Cela donna une lueur d'espoir au sénateur Humphrey et il se rendit en Virginie-Occidentale, un État plus favorable pour lui en tant qu'État protestant majoritaire.Un débat télévisé a eu lieu en Virginie-Occidentale entre les sénateurs Humphrey et Kennedy. Kennedy a remporté le débat. La campagne du sénateur Humphrey a été submergée par la campagne Kennedy, bien financée et organisée. Dans la primaire, Kennedy a remporté avec plus de 60% des voix. Il s'agissait d'une double victoire, il remporta le vote et démontra qu'en tant que catholique, il pouvait remporter les suffrages des protestants. 56 ans plus tard, en 2016, chaque État dispose d'un processus permettant de voter pour un candidat, qu'il s'agisse d'un primaire ou d'un caucus. En 1960, le sénateur Kennedy n'a participé qu'à neuf primaires, neuf de plus que ses rivales. Après les primaires, Kennedy a parcouru le pays pour s'adresser aux délégations des États et à leurs dirigeants. Au moment de l'ouverture de la Convention démocratique, Kennedy était loin en tête mais restait en deçà du nombre total de délégués nécessaire pour remporter la nomination.

Quelques jours avant l'ouverture du congrès, le sénateur Lyndon Johnson et le gouverneur Adlai Stevenson ont annoncé leur candidature à la présidence. La sénatrice Johnson a mis au défi le sénateur Kennedy de participer à un débat télévisé devant une réunion conjointe des délégations du Texas et du Massachusetts. Kennedy accepta et l'opinion générale fut qu'il gagna le débat. Johnson a généré peu de soutien en dehors du Sud. Stevenson avait un soutien important de la part des délégués libéraux, mais deux défaites écrasantes signifiaient le désir d'un nouveau visage offrant de meilleures chances de victoire. Les partisans du sénateur Johnson ont mis en cause l'état de santé du sénateur Kennedy, mais cela a essentiellement été nié et n'a abouti à rien. En réalité, il avait de nombreux problèmes de santé graves qui avaient été complètement dissimulés. En conséquence, les électeurs n'avaient aucune idée de la santé de John Kennedy ni de la façon dont cela pourrait affecter sa capacité à exercer ses fonctions de président. Certes, ce n'était pas un problème en 1960 et John Fitzgerald Kennedy est devenu le candidat démocrate à la présidence des États-Unis.

Chapitre 4 - Acceptation de la candidature

Le 15 juillet 1960, le sénateur John F. Kennedy a accepté la candidature démocrate à la présidence des États-Unis. Pour apprécier pleinement l'inspiration de John Kennedy lorsqu'il a présenté son point de vue, j'ai repris les points qui me tenaient à l'esprit et qui me dominaient encore. Avec un sens profond du devoir et une grande détermination, j'accepte votre nomination. Je l'accepte avec un cœur plein et reconnaissant sans réserve et avec une seule obligation, l'obligation de consacrer tous les efforts de son corps, de son esprit et de son esprit pour ramener notre parti à la victoire et notre nation à la grandeur.

Car je me tiens ce soir face à l'ouest sur ce qui était autrefois la dernière frontière. Dans les terres qui s'étendent à trois mille kilomètres derrière moi, les pionniers de notre époque ont renoncé à leur sécurité, à leur confort et parfois à leur vie pour construire un nouveau monde, ici en Occident. Ils n'étaient pas les captifs de leurs propres doutes, les prisonniers de leurs propres étiquettes de prix. Leur devise n'était pas "chacun pour soi" mais «tous pour la cause commune». Ils étaient déterminés à rendre ce nouveau monde fort et libre, à surmonter ses aléas et ses difficultés, à vaincre les ennemis qui menaçaient de l'extérieur et de l'intérieur.

Aujourd'hui, certains diraient que ces luttes sont terminées que tous les horizons ont été explorés, que toutes les batailles ont été gagnées, qu'il n'y a plus de frontière américaine. Mais je suis convaincu que personne dans ce vaste ensemble ne sera d'accord avec ces sentiments. Car les problèmes ne sont pas tous résolus et les batailles ne sont pas toutes gagnées, et nous nous trouvons aujourd'hui au bord d'une Nouvelle Frontière, la frontière des années 60, une frontière d'opportunités et de périls inconnus, une frontière de nos espoirs et menaces non accomplies. Mais la nouvelle frontière dont je parle n'est pas un ensemble de promesses, c'est un ensemble de défis. Cela ne résume pas ce que je compte offrir au peuple américain, mais ce que je compte leur demander. Cela fait appel à leur fierté et non à leur portefeuille, car il promet davantage de sacrifices au lieu de plus de sécurité.

Mais je vous dis que la nouvelle frontière est ici, que nous la cherchions ou non. Au-delà de cette frontière se trouvent les domaines inexplorés de la science et de l'espace, les problèmes non résolus de paix et de guerre, des poches non maîtrisées d'ignorance et de préjugés, des questions sans réponse de la pauvreté et des excédents. Il serait plus facile de reculer de cette frontière, de regarder dans la médiocrité du passé, de se laisser bercer par de bonnes intentions et une rhétorique élevée, et ceux qui préfèrent cette voie ne devraient pas voter pour moi, quel que soit leur parti être absolument aucune complaisance.

Mais je crois que les temps exigent une nouvelle invention, de l'innovation, de l'imagination, de la décision. Je demande à chacun d'entre vous d'être des pionniers dans cette nouvelle frontière. Mon appel est adressé aux jeunes de cœur, quel que soit leur âge, à tous ceux qui répondent à l'appel des Écritures: « Fortifie-toi et prends courage, n'aie pas peur et ne sois pas effrayé. »

Aujourd'hui, nous avons besoin de courage, pas de complaisance de leadership, et non de sens commercial. Et le seul test valable de leadership est la capacité à diriger et à diriger vigoureusement. Selon David Lloyd George, un pays fatigué est un pays conservateur, et les États-Unis ne peuvent pas se permettre aujourd'hui d'être fatigués ou conservateurs. Il se peut que ceux qui souhaitent entendre davantage de promesses à ce groupe ou qu'une rhétorique plus dure sur les hommes du Kremlin, plus de garanties d'un avenir en or, où les impôts sont toujours faibles et les subventions toujours plus élevées. Mais mes promesses se trouvent dans la plate-forme que vous avez adoptée, nos discours ne nous mèneront pas à nos fins et nous ne pouvons avoir confiance en l'avenir que si nous avons confiance en nous-mêmes. La dure réalité est que nous nous trouvons à un tournant de l'histoire sur cette frontière. Nous devons prouver une fois de plus si notre pays ou tout autre pays ainsi conçu peut durer longtemps, si notre société avec sa liberté de choix, son étendue des possibilités, son éventail de solutions, de rechange peut concurrencer le marché unique.

Avancée du système communiste. Une nation peut-elle organiser et gouverner telle que la nôtre? Telle est la vraie question. Avons-nous le courage et la volonté?

Pouvons-nous vivre à une époque où nous assisterons non seulement à de nouvelles percées dans le domaine des armes de destruction, mais aussi à une course à la maîtrise du ciel et de la pluie, de l'océan et des marées, du côté éloigné de l'espace et de l'intérieur des esprits humains?

Sommes-nous à la hauteur de la tâche?

Sommes-nous à la hauteur du défi?

Sommes-nous disposés à faire correspondre le sacrifice russe du présent au futur ou devons-nous sacrifier notre avenir pour profiter du présent?

Chapitre 5 - Campagne présidentielle

Une question restait qui pourrait détruire son rêve, la question religieuse. Le 12 septembre 1960, le sénateur a abordé la question directement dans un discours à la Greater Houston Ministerial Association. Il a reconnu l'importance de la question religieuse et a également souligné que les États-Unis étaient confrontés à des problèmes beaucoup plus pressants, à la propagation du communisme à 90 milles au large des côtes de la Floride, à la pauvreté, aux personnes incapables de payer les frais médicaux et aux familles en perte d'exploitation nombreux bidonvilles, trop peu d'écoles et trop tard pour la lune et l'espace, la guerre et la faim et le désespoir ne connaissent aucune barrière religieuse. Il a souligné le fait qu'il était une première américaine et qu'en tant que militaire, représentant et sénateur avait prêté et suivi un serment de soutenir et de défendre la constitution, qu'en tant que président, sa priorité absolue était la constitution des États-Unis et non un décret papal. Il a souligné qu'il avait servi son pays en temps de guerre et que son frère était mort à la guerre, alors qu'il était américain. Il a défié l'Amérique de mettre fin à l'intolérance religieuse. Il a invité les Américains à le juger sur la base de ses états de service, de son armée et du Congrès, et sur le fait qu'il était le candidat «démocrate» à la présidence, et non le candidat catholique.

Kennedy insista sur le fait qu'il était très peu probable qu'il doive choisir entre démissionner et de la violation de sa conscience ou de l'intérêt national, et ne rien faire qui puisse compromettre l'intérêt national.Kennedy n'a également présenté aucune excuse pour ses opinions et qu'il n'avait aucune intention de désavouer sa religion ou son église pour remporter les élections. Il a essentiellement dit: voici ce que je suis, ce que je serai, un Américain loyal qui a servi son pays dans la guerre et la paix, et que j'honorerai fidèlement et pleinement mon serment professionnel. En fin de compte, il est difficile de juger à quel point sa religion, le cas échéant, a affecté l'élection, mais il l'a abordée directement et il ne pouvait rien faire d'autre. Le sénateur Kennedy a fait campagne avec enthousiasme sur les questions qui lui semblaient importantes, essentiellement l'Amérique n ° 1 dans l'espace, dans les domaines de la défense, de l'éducation, des sciences, de l'économie et de la défense de la liberté dans le monde contre le communisme. Il a refusé d'accepter qu'il n'y avait pas de nouvelles frontières à explorer et a défié les Américains avec une nouvelle frontière, un avenir mystique d'accomplissement inconnu, un Valhalla au potentiel humain. Il a expliqué clairement que lui et le vice-président Nixon avaient des choix clairs en affirmant que l'Amérique n'avait jamais eu autant de succès et que le sénateur Kennedy avait défié les États-Unis de faire mieux. Le sénateur Kennedy a souligné à maintes reprises l'importance des décisions que les Américains prendraient en 1960:

soit maintenir le statu quo, soit aller de l'avant dans cette nouvelle frontière de nouveaux défis et non de promesses. L'élection présidentielle de 1960 était l'élection la plus rapprochée depuis 1916 avec le vote populaire, mais pas le collège électoral, ce qui peut s'expliquer par un certain nombre de facteurs. Kennedy a bénéficié de la récession économique de 1957-1958, qui a nui au statut du parti républicain en exercice, et a bénéficié de 17 millions de plus de démocrates inscrits que de républicains. En outre, les nouveaux votes obtenus par Kennedy parmi les catholiques ont presque neutralisé les nouveaux votes obtenus par Nixon parmi les protestants, indiquant ainsi que le fantôme du catholicisme n'était pas mort. Les compétences de Kennedy en matière de campagne ont nettement surpassé celles de Nixon. Dans les débats, Kennedy avait juste meilleure mine, plus confiant, plus comme un chef. En fin de compte, l'accent mis par Nixon sur son expérience importait peu et il gaspillait de l'énergie en faisant campagne dans les 50 États au lieu de se concentrer sur les États en mouvement. Kennedy a utilisé sa grande organisation de campagne bien financée pour remporter la nomination, obtenir des mentions sécurisées et, avec l'aide du dernier chef des grandes villes, faire voter les votes dans les grandes villes. Il s'est fier à son compagnon de chambre Lyndon B. Johnson pour tenir le Sud et a utilisé efficacement la télévision.

Chapitre 6 - Président élu

Le président Kennedy a assumé ses fonctions en faisant face à des menaces et à des problèmes partout dans le monde, à la fois près de chez nous et à l'autre bout du monde.Le fiasco de la baie des Cochons était déjà un problème en soi, mais il plaçait également le Président Kennedy dans une position de faiblesse face à un « intimidateur » Khrouchtchev. Khrouchtchev impliquait la menace d'une solution unilatérale à Berlin. À son crédit, le président Kennedy n'a pas reculé devant cette menace, mais il y a eu une escalade de menaces pouvant avoir de graves conséquences et la construction du « mur de Berlin » a commencé tardivement.

L'Asie du Sud-Est était un point chaud potentiel depuis la fin de la Seconde Guerre mondiale. Les puissances coloniales voulaient un retour immédiat de leurs colonies, alors que ces nations voulaient l'indépendance. Le président Roosevelt a préféré les nations libres, même si cela signifiait s'opposer à un allié pendant la guerre, la France. Sa mort, conjuguée au fait que la situation de l'Europe face à une URSS en pleine expansion semblait beaucoup plus grave que la situation au Cambodge, au Laos et au Vietnam. La paranoïa à propos du communisme était également un facteur, en particulier le style communiste à l'URSS, qui constituait une préoccupation légitime et nécessitait une action légitime, mais le discours politique conduisait à des déclarations et à des décisions à long terme contre-productives. La Russie aurait proposé que le Nord et le Sud-Vietnam soient admis aux Nations Unies. Cela aurait certainement changé en Asie du Sud-Est, mais cela obligerait les États-Unis à reconnaître une nouvelle nation communiste ce que John Foster Dulles était incapable de faire.Aux élections de 1960, le Vietnam, le Laos et le Cambodge ont été relégués au rang de « presque là-bas » par la menace du communisme, la fierté des États-Unis en tant que numéro un sur le plan stratégique, économique et spatial.Le président Kennedy a essentiellement poursuivi la politique des présidents Truman et Eisenhower visant à contenir le communisme en Asie du Sud-Est avec des conseillers militaires, avec des limites peut-être douteuses aux devoirs effectifs. Ont-ils engagé ou dirigé des forces de l'ARVN au combat?La crise en Asie du Sud-Est s'est aggravée mais je ne m'en souviens pas comme d'un problème grave pour le président Kennedy. Au fur et à mesure que la situation se détériorait, le Vietnam était connu sous le nom de « guerre de McNamara ». Il était évident que des opérations secrètes étaient en cours, mais tout ce qui se passait était dissimulé au public américain et n'était certainement pas un problème grave sous le mandat du président Kennedy.

En 1961, les prévisionnistes ont commencé à recevoir des commandes au Vietnam. Les ordres étaient destinés à la première escadre météorologique du quartier général à Yokota (Alberta), en attendant d'être affectés à une nouvelle mission, ce qui signifiait que les ordres étaient adressés au Sud-Vietnam. L'une des missions principales du météorologue consiste à soutenir les opérations aériennes et d'artillerie, ce qui pose la question de savoir pourquoi elles étaient présentes et à soutenir les opérations aériennes et d'artillerie de l'ARVN ou des États-Unis. Des militaires de toutes les régions du Japon ont également exercé des fonctions temporaires dans le sud du Vietnam. En 1962, l'économie était menacée par une grève de l'acier et le président Kennedy ne voulait pas que la grève de 1959 soit reprise. Le président Kennedy a souligné que les augmentations de salaire devraient être fondées sur la productivité. Un contrat de travail n'allait nulle part et l'administration est intervenue. Un accord a été négocié qui prévoyait une augmentation des avantages sociaux sans augmentation de salaire cette année-là et un principe non énoncé selon lequel il n'y aurait pas d'augmentation de prix. Roger Blough, PDG de US Steel, a rencontré le président Kennedy et déclaré qu'US Steel augmentait ses prix et que d'autres entreprises suivraient cet exemple. Cela exaspère le président Kennedy et dit de mauvaises choses à propos de Roger Blough notamment en s'interrogeant sur la légitimité de sa filiation. Le président Kennedy a considéré à juste titre qu'il s'agissait d'une double croix et a utilisé toute l'influence du gouvernement américain, y compris le remplacement des contrats du DOD par des entreprises sidérurgiques ne haussant pas les prix. L'augmentation des prix a été réduite et le président Kennedy a utilisé l'influence de la présidence pour obtenir des résultats bénéfiques pour l'économie.

L'augmentation des prix a été réduite et le président Kennedy a utilisé l'influence de la présidence pour obtenir des résultats bénéfiques pour l'économie. En 1963, la situation dans le Sud-Vietnam devait être résolue et un changement de régime était pratiquement nécessaire. Un plan actif du président Kennedy, son administration et les généraux de l'ARVN ont appelé à un coup d'Etat pour retirer Ngo Din Diem du pouvoir et l'envoyer en exil. Ngo Dinh Diem et son frère Ngo Diem Nhu ont été assassinés avec l'approbation des généraux de l'ARVN. Je ne crois pas qu'il soit juste de dire que le gouvernement américain a approuvé les décès, mais le coup d'État a certainement été soutenu au plus haut niveau du gouvernement américain. Indépendamment de la réalité, les décès étaient approuvés par les États-Unis. La campagne pour les droits civiques a certainement été un sujet de préoccupation pendant le mandat du président Kennedy et son bilan peut être perçu comme un damier. C'était un problème lors des élections de 1960 et le sénateur Kennedy a fait campagne pour un programme solide de défense des droits civiques. Une fois élu, le président Kennedy semblait avoir changé ses priorités, mais cela ne tient pas compte de la réalité selon laquelle les avancées étaient soumises à la politique de l'époque. Il est certain que le président Kennedy était un défenseur légitime et légitime des droits civils, mais même la conviction d'un jeune dirigeant ne pourrait pas complètement dominer la réalité politique de l'époque. En 1962, le président Kennedy a envoyé des Marshall américains pour faire exécuter une ordonnance admettant James Meredith à l'université du Mississippi.

En février 1962, le président Kennedy a soumis au Congrès un projet de loi sur les droits civils qu'il n'a pas soutenu et qui a échoué au Congrès.

En mai 1963, le président Kennedy proposa un nouveau projet de loi sur les droits civiques, décrit comme le plus vaste projet de loi sur les droits civils depuis la reconstruction, susceptible de constituer une grave erreur politique. Le 11 juin 1963, alors que le gouverneur Wallace se tenait à la porte de l'école, le président Kennedy prononça un puissant discours en faveur de son projet de loi et appelant tous les Américains à l'appuyer. Aux États-Unis, il a déclaré: «Nous sommes principalement confrontés à un problème moral. Il est aussi vieux que les Écritures et est aussi clair que la Constitution américaine. Le cœur de la question est de savoir si tous les Américains doivent bénéficier de l'égalité des droits et de l'égalité des chances, par son successeur. Il faut admettre que la crise des missiles cubains a alimenté la baie des Cochons et que des événements ultérieurs, tels que la confrontation avec Khrouchtchev, ont eu lieu, où le président a été invité à donner des conférences et à être menacé. Khrouchtchev a concrétisé sa menace de résoudre unilatéralement la situation de Belin en commençant la construction du mur de Berlin. Il a ensuite commencé à déplacer des bombardiers offensifs et des missiles nucléaires tactiques à Cuba. La Russie a évidemment nié les accusations selon lesquelles elle aurait transféré des armes nucléaires à Cuba. Les États-Unis disposaient d'informations de reconnaissance prouvant la présence de missiles à Cuba.

Aux Nations Unies, Adlai Stephenson, ambassadeur des États-Unis auprès de l'Organisation des Nations Unies, contestait l'ambassadeur de Russie et déclarait: Il était prêt à geler pour une réponse. Pour JFK, l'embarras de la baie des Cochons était en partie dû à son leadership indécis, mais dans ce cas, il prenait des décisions claires. Deux options présentées par ses conseillers étaient des frappes aériennes ou une invasion. Le président Kennedy a renversé les deux décisions et a choisi un embargo pour empêcher la livraison de missiles pendant que ceux-ci allaient gagner du temps pour négocier et que les missiles ont finalement été retirés. Des négociations et des accords secrets ont été conclus qui ont permis d'éliminer une menace nucléaire à moins de cent milles des États-Unis. Était-ce la seule façon dont la menace aurait pu être résolue? S'agissait-il d'une confrontation provoquée par la publicité des États-Unis? La crise des missiles était un exploit pour JFK, mais s'agissait-il d'un affrontement public causé en partie par la verbosité de l'administration JFK? Dans quelle mesure les paroles et les actions de chaque partie ont-elles été influencées par les paroles et les menaces postérieures à la baie des Cochons et par la confrontation entre un président Kennedy moins confiant et un premier ministre Khrouchtchev confiant et intimidant? J'étais en poste à Misawa, dans le nord de Honshu, et tout ce que nous savions, c'était ce qui était diffusé sur AFRTS et cette information était loin d'être complète et pratiquement la même chose chaque jour.

Je ne me souviens pas beaucoup d'espoir d'une solution pacifique en écoutant la radio et la télévision des forces armées sur la situation qui se déroulait dans les Caraïbes. Je n'ai aucune idée de ce qu'était la vie quand je l'ai entendue, mais j'ai également été influencé par le commentaire d'officiers de l'armée de l'air au poste de superviseur de vol, lorsqu'ils ont fait des commentaires basés sur leurs positions et leur expérience. Au cours de la crise des missiles à Cuba, je pensais que la guerre totale était possible, voire probable, avec un sens pouvant inclure la mort. Les navires russes équipés d'armes nucléaires se dirigeaient vers Cuba et la marine américaine, bloquant ainsi les eaux internationales pour empêcher leur livraison. La pensée dans ma tête était ce qui se passerait, comment le monde survivrait, comment je survivrais. Il y avait ensuite un tel soulagement lorsque l'information a été diffusée que les navires russes retournaient dans les eaux russes. La question pour moi, de temps en temps, est de savoir à quel point nous étions près d'Armageddon.

Chapitre 7 - Assassinat

Après la fin de la crise des missiles, la vie au Japon est pratiquement redevenue normale. Les conseillers américains conseillaient / formaient / dirigeaient déjà les forces de l'ARVN? Les moines bouddhistes ont continué à protester contre la politique de Diem et les moines ont continué à mourir par immolation. J'étais au courant de ce qui se passait, mais pour une raison quelconque, cette question était beaucoup plus couverte aux États-Unis qu'au Japon. Ces événements sont certainement des facteurs qui ont amené le président Kennedy à abandonner son soutien à Ngo Dinh Diem.

Mon détachement a organisé une fête de Noël le 22 novembre 1963, à 19 heures, heure du Japon, ou à 4 heures du matin à Dallas. Notre fonction s'est terminée vers 22 heures, heure du Japon ou 7 heures du matin, heure de Dallas. Les activités du parti présidentiel, le petit-déjeuner et un discours vont bientôt commencer et pour nous, au Japon, notre journée se termine. Que ce soit au Japon, en attendant un nouveau jour ou en anticipant le nouveau aux États-Unis, choc, chagrin ou les deux finiraient la journée pour presque tout le monde.

Après le petit-déjeuner et un discours, le président et le parti se sont envolés pour Love Field, ont salué leurs fans et ont suivi le cortège le long du cortège en empruntant le centre-ville de Dallas.
Lee Harvey Oswald est allé travailler au Texas School Book Depository.

Vers 12 h 30, la limousine avait tourné dans la rue Elm et la cible était visible, le tireur en place. Un fait fondamental est que trois coups de feu ont été tirés du sixième étage du Texas School Book Depository. Le son de trois coups de feu, le bruit du verrou actionné trois fois et le son de trois cartouches de fusil épuisées ont touché le sol au-dessus de deux employés du cinquième étage surveillant le défilé. Un autre fait fondamental: Lee Harvey Oswald a pris un fusil pour se rendre au travail déguisé en tringles à rideaux. Les critiques affirment qu'il ne transportait rien pour travailler avec lui, mais le fait est que son fusil a été retrouvé au sixième étage et qu'il a tiré. Il n'y a pas eu de changement d'itinéraire de dernière minute. Pour se rendre à l'autoroute Stemmons Freeway, il y avait un blocus physique entre la rue Main et l'entrée du Stemmons. À cause de cela, la limousine a dû entrer dans la rue Elm pour entrer dans Stemmons Freeway.

Quoi qu'il se soit passé à Dealy Plaza, cela s'est passé dans un sens, qu'il s'agisse d'une conspiration ou de la version officielle des événements. J'accepte la version officielle, mais je ne discute pas en faveur de cette version et je remets en question de nombreuses théories du complot. Ce que je pense, c'est ce qui s'est passé, c'est que des trois coups de feu tirés à proximité du sixième étage du dépôt de livres scolaires au Texas, un coup manqué, un coup frappé à la fois le président Kennedy et le gouverneur Connolly, et un coup touchant le président Kennedy uniquement.

Les preuves matérielles démontrent clairement qu'une balle a touché les deux hommes. Tout d'abord, la plaie d'entrée du gouverneur Connolly est bloquée par le corps du président Kennedy. Deuxièmement, la blessure d'entrée sur le gouverneur Connolly est un trou de serrure, la balle tombe quand elle le frappe et signifie que la balle a traversé quelque chose avant de frapper Connolly, le corps du président Kennedy.

Les preuves matérielles indiquent un petit trou dans la partie arrière supérieure de la tête du président Kennedy et un grand trou dans la partie avant droite de sa tête. J'ai vu une copie du film Zapruder sur une cassette de magnétoscope et cette copie indiquait une traînée de vapeur provenant du haut et de l'arrière qui avait heurté la tête de Kennedy avant son explosion.

Des experts légistes ont démontré que le type d'arme utilisé par Oswald aurait les mêmes résultats que ceux des corps de Kennedy et de Connolly.
Un homme de 85 ans a démontré que le type d'arme utilisé par Oswald pouvait être utilisé suffisamment rapidement pour que les coups de feu tirés par Oswald soient utilisés. En ce qui concerne les complots, où est la preuve que quelqu'un d'autre qu'Oswald a tiré avec une arme dans Dealy Plaza le 22 novembre 1963? Qui engagerait quelqu'un comme Lee Harvey Oswald pour abattre le président? Une théorie affirme que la blessure à la gorge était une blessure d'entrée. Si oui, d'où vient cette balle sans frapper la tête du gouverneur Connolly?

Selon une autre théorie, la balle dans la tête aurait été tirée du monticule herbeux, en partie à cause du mouvement perçu de la tête du président Kennedy. Cependant, un tir direct de la colline herbeuse aurait été sorti du côté gauche de la tête de Kennedy. Cela ne s'est pas passé.

Peu importe comment cela s'est passé, que ce soit l'un des complots ou la version officielle des événements, les conséquences ont été et sont les mêmes. Le président Kennedy était mort, l'avenir de ses fans ardents était brisé et Camelot s'animait. Dans la mort, il est devenu cette figure mythique sur l'insistance de Jacqueline Kennedy et le vrai John Kennedy est pratiquement enveloppé de réalité.

Chapitre 8 - Inspiration

Il est facile de trouver de grandes quantités d'informations décrivant la vie et la carrière de cet homme né John Fitzgerald Kennedy, mais que dit-il de l'homme qui vit dans ce corps? Que peut-on dire de lui pour le décrire? Que puis-je dire de lui? Je ne l'ai jamais rencontré, je ne lui ai jamais parlé pour comprendre ses sentiments et ses pensées non gardées au sujet des problèmes? Pour citer Will Rogers, tout ce que je sais, c'est ce que j'ai lu dans les journaux et à la télévision et tout ce que j'ai, ce sont mes souvenirs de l'homme qui a vécu aux yeux du public.

Je vois des parallèles entre la fonction publique de John Kennedy et Pilgrims Progress, ce n'est pas une comparaison exacte, mais en termes généraux dans la voie empruntée: la ligne droite et étroite de Pilgrim's Progress et l'acceptation des défis de la vie et de la nation pour John Kennedy. John Kennedy avait tendance à voir les choses soit comme un monde libre ou dominé par des tyrans.

John Kennedy a promis un avenir qu'il définirait comme une nouvelle frontière, aucune promesse, seulement des défis et une inspiration pour moi. C'était la frontière des années 1960, l'une des possibilités et des dangers illimités et inconnus, une frontière d'espoirs et de menaces non réalisés.

Des domaines inexplorés de la science et de l'espace, des problèmes non résolus de paix et de guerre, des questions sans réponse de la pauvreté et des excédents. Il n'a pas attendu que des choses se passent; il a pris des mesures pour faire avancer les choses. Il a mis tous les Américains au défi de choisir son avenir en 1960, soit du statu quo dans les meilleures conditions, soit de refuser de l'accepter et de réaliser la grandeur qui existait en nous et en Amérique.

Dans le monde, il a vu un conflit entre la liberté et le communisme et a choisi de défier le communisme. Les États-Unis étaient confrontés à un défi dans l'espace qui donnait un avantage à l'Union soviétique pour les pays en développement comparant les avantages relatifs du capitalisme et du communisme. Il a déclaré qu'il ne pouvait y avoir qu'une seule politique de défense pour les États-Unis, à savoir que les États-Unis constituaient la puissance militaire et économique prédominante. Pas seulement avec la force militaire mais avec la force économique des États-Unis.
Une force économique qui a démontré les avantages de la liberté sur la tyrannie de l'Union soviétique pour les pays en développement du monde. Il a estimé que la croissance économique était essentielle pour que les États-Unis puissent diriger l'exploration spatiale et éliminer la pauvreté. Il a proposé et mis en œuvre les réformes fiscales les plus importantes depuis le nouvel accord des politiques fédérales favorisant la croissance économique comprenant un nouveau crédit d'impôt à l'investissement.

Les impôts sur le revenu des particuliers et sur les sociétés ont été réduits pour augmenter les incitations et la disponibilité de capitaux d'investissement. Il a déclaré que le rôle le plus utile du gouvernement fédéral ne consistait pas à se précipiter dans un programme d'augmentation excessive des dépenses publiques, mais à développer les incitations et les possibilités de dépenses privées.

Dans une citation, il a déclaré: « Le coût de la liberté est toujours élevé, mais les Américains l'ont toujours payé et un chemin que nous ne choisirons jamais, c'est le chemin de la reddition ou de la soumission ». Il a souligné que dans son discours inaugural, « Que chaque nation sache, qu'elle veuille bien ou mal, que nous allons payer n'importe quel prix, supporter tout fardeau supporter n'importe quel ami, opposer tout ennemi pour assurer la survie et le succès de la liberté. Il ne craignit pas de défendre la liberté mais salua la responsabilité. Il a compris la nécessité d'une puissance militaire, non pour mener la guerre, mais pour contrer toute menace susceptible de mettre en péril notre existence. « C'est un fait regrettable que nous ne puissions assurer la paix qu'en nous préparant à la guerre. »

Je me souviens d'un dirigeant qui cherchait des solutions, la bonne chose à faire sans s'attarder sur le passé mais en acceptant notre responsabilité pour l'avenir. Il a dit que les cyniques et les sceptiques étaient menottés dans leur capacité à résoudre les problèmes parce que leurs visions étaient limitées aux réalités évidentes.

Les solutions, a-t-il dit, viennent de l'esprit d'hommes qui peuvent rêver de choses qui ne l'ont jamais été. Je me souviens d'un dirigeant qui a agi à la fois par le truchement de la législature et par lui-même pour améliorer la vie des Américains et garantir des droits égaux à tous. Il a mis au défi les Américains d'essayer, même s'ils échouaient, car ceux qui osent échouer lamentablement peuvent atteindre la grandeur. Il a également déclaré que les efforts et le courage ne suffisent pas pour obtenir des résultats sans but ni direction. Il a vu les effets de la tyrannie et a constaté comment la réticence à affronter la tyrannie à ses débuts créait des problèmes bien pires à l'avenir. Il a vu un monde où, à travers la science, l'homme pourrait détruire la civilisation. Il a également envisagé l'avenir lorsque nous allierions sa force militaire à notre retenue morale, notre richesse à notre sagesse, notre puissance à notre objectif. Il a vu un monde où une guerre inconditionnelle ne pourrait plus conduire à une victoire inconditionnelle. Cela ne pourrait plus servir à régler des différends, il ne faut jamais négocier par peur, mais ne jamais craindre de négocier.

J'ai vu dans John Kennedy l'avenir de l'Amérique et j'étais fier de mon pays et de mon président. J'attendais l'avenir envisagé par John Kennedy, pas un avenir qui nous serait présenté sur un plateau d'argent, mais un avenir qui nous mettrait au défi d'avancer avec un objectif et une direction, de rêver, d'essayer même si nous échouions et essayions encore jusqu'à ce que nous avions réussi. Je n'ai pas simplement accepté son défi, demandez ce que vous pouvez faire pour votre pays, je l'ai vécu pendant trente ans.

Chapitre 9 - Post-JFK

Rétrospectivement, beaucoup de gens spéculent sur ce qu'aurait fait un président Kennedy dans le reste de sa présidence s'il avait vécu, et j'en suis également coupable. Il s'agit essentiellement d'un exercice académique intéressant et futile, avec pratiquement tous les pronostiqueurs exprimant leur propre opinion de ce qu'ils auraient fait. Ma seule prédiction est qu'il aurait agi de manière beaucoup plus décisive que le président Johnson au Vietnam, en s'impliquant militairement ou en se retirant du Vietnam.

Certaines questions doivent être considérées. Que ce serait-il passé si Lee Harvey Oswald avait obtenu un visa pour retourner à Cuba? Qu'en serait-il de la législation sur les droits civils proposée par le président Kennedy? Un vice-président, Lyndon Johnson, aurait-il été aussi efficace qu'un représentant, insistant sur le visage de quelqu'un et levant les yeux au nez, en tant que président Johnson?

Il y a 60 ans, John Fitzgerald Kennedy faisait son entrée sur la scène présidentielle et, pour ses plus grands fans, notamment moi, il n'a jamais quitté cette scène. Il vit toujours dans ma mémoire et dans mon être politique et rêve de ce qui aurait pu être, et il est la norme selon laquelle je juge tous les autres présidents démocrates et républicains. Une citation du président Kennedy était la suivante: «Un homme peut mourir, une nation peut s'effondrer mais une idée perdure.» Pour moi, cet homme est John Fitzgerald Kennedy.

Sa vie a pris fin, mais l'inspiration de ses idées a survécu en moi, le véritable homme avec toutes ses qualités, bon, mauvais et indifférent, pas le mythe de Camelot.

Éditer par: Maple Leaf Publishing Inc.
3rd Floor 4915 54 Street
Red Deer, Alberta T4N 2G7, Canada

https://mapleleafpublishinginc.com
Pour commander: 1-(403)-356-0255

N° ISBN : 978-1-77419-001-2

Dépôt légal : 30/08/2019

Traduction de l'Anglais par Frédéric Bar

Couverture : Frédéric Bar

Maquette : Frédéric Bar